Bilder der
SCHIFFFAHRT

EINE NOSTALGISCHE DONAUREISE MIT DER DDSG

Ein englischsprachiger Wachau-Prospekt der DDSG mit Abbildungen aller Personenschiffe der Gesellschaft in den 1980er-Jahren.

Bilder der

SCHIFFFAHRT

EINE NOSTALGISCHE DONAUREISE MIT DER DDSG

Franz Dosch

SUTTON VERLAG

Die von Franz Witt gestaltete Ansichtskarte zeigt das Leben an Bord eines Donaudampfers zu Beginn des 19. Jahrhunderts.

Sutton Verlag GmbH
Hochheimer Straße 59
D-99094 Erfurt
www.suttonverlag.at

ISBN: 978-3-95400-049-4
Druck: Production managed by Jellyfish Print Solutions
Printed and manufactured by Replika Press, Haryana, India

INHALTSVERZEICHNIS

DANKSAGUNG

Obwohl meine Sammlung von alten Fotos, Aktenmaterial und sonstigen Erinnerungsstücken aus dem Bereich der Donauschifffahrt sehr umfangreich ist, gestaltet sich die Auswahl entsprechender Bilder, die dem gestellten Thema gerecht werden sollen, nicht immer einfach, weshalb es sich als sehr zweckmäßig erwiesen hat, in dieser Hinsicht einen Gedankenaustausch mit einschlägig informierten und auch interessierten Gleichgesinnten zu pflegen. Hier ist in erster Linie Laurenz Schwarzacher zu nennen, der mir auch bei der Bearbeitung und Auswahl einzelner Fotos sehr behilflich war. Aus der mir überlassenen Sammlung des leider verstorbenen ehemaligen Berufskollegen Josef Lackner stammen die zahlreichen Ansichtskarten von Fritz Lach, Mag. Kinnl hat mir freundlicherweise aus seiner Sammlung Ansichtskarten von Franz Witt zur Verfügung gestellt. Durch freundliche Vermittlung von Hofrat DI Werner Schiestl wurde es mir möglich, das im Bestand der Sammlung Andreas Aichinger befindliche „Donau-Album" aus den Jahren 1868 bis 1870 von Amand Helm auszugsweise in dieses Buch einzubeziehen. Univ.-Prof. Dkfm. Karl Vodracka hat mich sowohl bei der Beschaffung von Bildmaterial als auch bei diversen einschlägigen Recherchen sehr hilfreich unterstützt. Ihnen allen sei hiermit sehr herzlich gedankt. Die akribische Durchsicht des Manuskriptes oblag auch diesmal meiner Ehefrau Brigitte, die sich mit gewohnter Routine dieser verantwortungsvollen Aufgabe unterzogen hat, wofür ihr gleichfalls mein herzlicher Dank gebührt.

Bildnachweis

Sammlung Andreas Aichinger (Helm): 49o, 56o, 61u, 62u; *Sammlung Mag. Kinnl:* 30o, 44u, 45o, 46u; *Sammlung Schwarzacher:* 53o. Der überwiegende Teil des Fotomaterials aus den Beständen der DDSG und der Schiffswerft Korneuburg befindet sich im Bildarchiv der Österreichischen Nationalbibliothek. Alle übrigen Fotos stammen vom Autor bzw. aus seinem Archiv.

Literaturhinweis

Ida Pfeifer: Reise in das Heilige Land, 1842; *Michael J. Quin:* Dampfbootfahrt auf der Donau, 1836; *Hans Scherer:* Vom Raddampfer zum Schubverband, 1974; *J.A. Schultes:* Österreichs Donau-Strom, 1827; *Stephan Szechenyi:* Über die Donauschiffahrt, 1842; diverse Festschriften und Donauführer der DDSG.

EINLEITUNG

In den Anfangsjahren der 1829 gegründeten Ersten Donau-Dampfschiffahrts-Gesellschaft diente der Schiffsverkehr auf der Donau vor allem der Erschließung von Streckenabschnitten, auf denen sich nur die Schifffahrt als einzige bequeme Verkehrsverbindung anbot. Die erste Eisenbahnlinie in Österreich wurde bekanntlich erst 1837 auf einer 13 Kilometer langen Strecke zwischen Floridsdorf und Deutsch-Wagram eingerichtet. Zu dieser Zeit umfasste das Streckennetz der DDSG bereits rund 2.000 Kilometer. Diente der Personenverkehr zunächst nur verkehrstechnischen Bedürfnissen, kam touristischen Aspekten zu Beginn der Verkehrsaufnahme noch keine wesentliche Bedeutung zu.

Das Netz der DDSG erstreckte sich nicht nur auf die Donau ab Donauwörth bis zum Schwarzen Meer. Auch die Nebenflüsse Inn, Drau, Theiß, Save, Temes und Pruth sowie der Wiener Donaukanal, der Franzenskanal und der Franz-Joseph-Kanal wurden von den Personenschiffen der DDSG befahren. Einschließlich einiger Donauarme umfasste das Streckennetz insgesamt 5.642 Kilometer, in den Jahren 1834 bis 1845 sind auch noch die Mittelmeer-Routen der sieben Hochseeschiffe der DDSG, die an den Österreichischen Lloyd verkauft wurden, zu berücksichtigen.

Auf fast allen dieser Linien wurde fahrplanmäßiger Personenverkehr betrieben – zunächst zwischen Wien und Budapest, diese Relation wurde schon 1834 mit dem Dampfer „Argo" auf die untere Donau erweitert, im selben Jahr wurde auch der Seeverkehr mit dem in Triest erbauten Dampfschiff „Maria Dorothea" von der Donaumündung bis Smyrna eingerichtet. 1837 befuhr die in Obuda erbaute „Maria Anna" erstmals die Strecke Wien–Linz, schrittweise wurde auch der Streckenbereich oberhalb von Linz bis Donauwörth erweitert, in weiterer Folge wurden auch die bereits oben angeführten Nebenflüsse und Kanäle in das Streckennetz einbezogen.

Das vorliegende Buch soll in die Zeit der Anfänge der Personenschifffahrt auf der Donau zurückführen und die Entwicklung der damit im Zusammenhang stehenden Aktivitäten zur Information der Fahrgäste und gleichzeitigen Bewerbung dieses für den österreichischen Fremdenverkehr unverzichtbar gewordenen Wirtschaftszweiges aufzeigen.

Die Erste Donau-Dampfschiffahrts-Gesellschaft als Wegbereiter des Personen- und Güterverkehrs auf der Donau hat im Laufe ihres nahezu 175-jährigen Bestehens eine Unzahl verschiedenster Fahrgastschiffe in Betrieb genommen und eine Reihe von Schiffstypen entwickelt, die den jeweiligen nautischen Erfordernissen entsprechen sollten, wie beispielsweise die Niederwasserschiffe „Iszlas" und „Tachtalia" für die Kataraktenstrecke, sowie unter anderen die Lokalboote I–VI für den Wachauer, Wiener und Budapester Kurzstreckenverkehr. Der allergrößte Teil dieser Fahrzeuge entstand in der 1835 in Budapest (Obuda) gegründeten ersten Werft der Gesellschaft. Gegen Ende des 18. Jahrhunderts gewann in der

Personenschifffahrt auf der Donau offensichtlich auch der Ausflugsverkehr an Bedeutung, so scheint beispielsweise im Fahrplan für das Jahr 1896 erstmals der Lokalverkehr in der Wachau als Ausflugsziel auf.

Auch die Eil- bzw. Postschiffe für den Bereich Passau–Linz–Wien–Budapest zählen ebenso wie die für den Verkehr von Wien nach Russe bestimmten Expressschiffe zu diesen Einheiten, die den besonderen Gegebenheiten der vorgesehenen Einsatzbereiche am besten gerecht werden sollten und bis 1922 fast durchwegs in der Budapester Werft der Gesellschaft (Altofen/Obuda) konstruiert und erbaut wurden. Ab dem Zweiten Weltkrieg und dem im Jahre 1945 eingetretenen Verlust der Schiffswerft in Budapest erfolgten die Neubauten für den Personenverkehr vor allem in der Linzer und Korneuburger Werft.

Nach dem Ende des Zweiten Weltkrieges wurde der in Niederösterreich verbliebene Flottenrest von der Sowjetunion als „Deutsches Eigentum" beschlagnahmt. Bis zum Abschluss des Staatsvertrages im Jahre 1955 wurde von dem USIA-Betrieb „Verwaltung der DDSG" mit den beiden Fahrgastschiffen „Kaukasus" (ex „Helios") und „Tbilisi" ein Ausflugsverkehr nach Ybbs und eine Bäderlinie zwischen Wien und Greifenstein betrieben. Im Bedarfsfall wurden zur Verstärkung – wie auch bei der DDSG in der Nachkriegszeit üblich – entsprechend adaptierte Zugschiffe zur Personenbeförderung herangezogen.

Franz Dosch
Wien, im Mai 2012

Im Vordergrund ist der nachgebaute Dampfer „Maria Anna" (ex „Andor") während der im Jahre 1937 veranstalteten Jubiläumsfeierlichkeiten zu sehen, daneben der Expressdampfer „Uranus".

1

DONAUFÜHRER UND REISEBESCHREIBUNGEN

Als der Schiffsverkehr auf der Donau immer stärker touristischen Charakter annahm, versuchte auch die Gesellschaft etwa 60 Jahre nach ihrer Gründung durch die Herausgabe von Donau-Handbüchern, die anfänglich unentgeltlich an die Passagiere abgegeben wurden, auf die Schönheiten der Landschaft und die kulturellen Sehenswürdigkeiten entlang des Stromes aufmerksam zu machen. Diese handlichen Bücher enthielten alle interessanten Donauorte,

Die Dampfschiffstation an der Donau bei Kaisermühlen um 1870 nach einem Gemälde von Emil Jakob Schindler (1842–1892), kopiert von Helene Kuttig.

deren historisch bedeutsame Bauwerke sowie Angaben der jeweiligen Flusskilometer von der Mündung aufwärts gerechnet. Auch Angaben über die geschichtliche Entwicklung der DDSG, ihre Aufgabenbereiche sowie Details über die Fahrgastschiffe waren meist aufgelistet. Im Anhang waren Fahrpläne, Speisekarten und auch Flusskarten mit Hinweisen auf die beschriebenen Donauorte enthalten. Schon damals wurden die viele Jahre hindurch gratis an die Reisenden abgegebenen Handbücher durch Werbeinserate teilfinanziert.

Der erste sozusagen offizielle Reiseführer der I. DDSG wurde bereits 1835 – also schon fünf Jahre nach der Verkehrsaufnahme zwischen Wien und Budapest – herausgebracht. Sein Verfasser war Johann Hehl, gedruckt wurde er bei Carl Gerold in Wien. Er führte den etwas lang geratenen Titel „Der Begleiter auf der Donaufahrt von Wien bis zum Schwarzen Meere. Mit besonderer Rücksicht auf die bestehende Dampfschiffahrt auf diesem Flusse“. Weitere ausführliche Reisebeschreibungen mit Schiffen der DDSG stammen von Graf Stephan Szechenyi und dem Engländer Michael J. Quin. Aber auch schon vor der Gründung der DDSG gab es sehr ausführliche Donaubeschreibungen, wie beispielsweise einen zweibändigen Donauführer aus den Jahren 1819 bzw. 1827 von J.A. Schultes. Ab etwa 1895 erschienen die Donauführer der DDSG bis zum Ausbruch des Zweiten Weltkrieges, von einigen Ausnahmen abgesehen, alljährlich in unterschiedlicher Gestaltung. Auf den 1935 herausgebrachten umfangreichen Jubiläumsband „Hundert Jahre Donauführer“ soll besonders hingewiesen werden. Mit der Wiederaufnahme des Verkehrs auf der gesamten österreichischen Donau ab 1952 wurde auch die Tradition der Herausgabe aktueller Donauführer wieder aufgenommen und bis zur Liquidation der Gesellschaft im Jahre 1995 beibehalten.

Der schon erwähnte bayerische Gelehrte Hofrat Dr. J.A. Schultes verfasste bereits vor Gründung der DDSG ein zweibändiges „Handbuch für Reisende auf der Donau“, und zwar

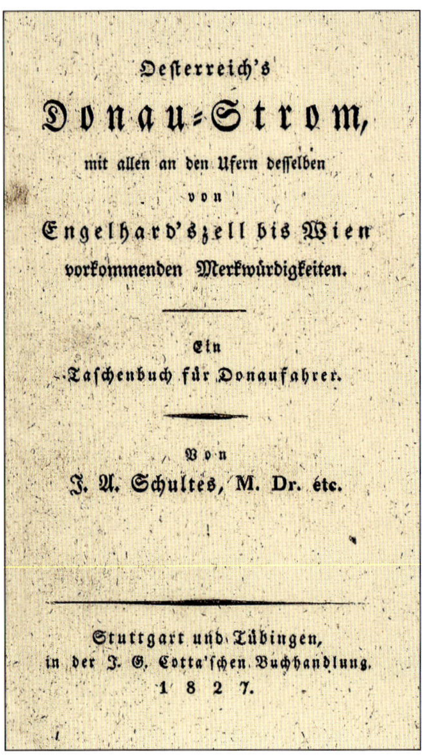

Oesterreich's
Donau-Strom,
mit allen an den Ufern desselben
von
Engelhard'szell bis Wien
vorkommenden Merkwürdigkeiten.

Ein
Taschenbuch für Donaufahrer.

Von
J. A. Schultes, M. Dr. etc.

Stuttgart und Tübingen,
in der J. G. Cotta'schen Buchhandlung.
1827.

Die Titelseite des 1827 erschienenen zweiten Bandes der Donaubeschreibung von Engelhartszell bis Wien, verfasst von J.A. Schultes.

Die Titelseite der von dem Engländer Michael J. Quin verfassten „Dampfbootfahrt auf der Donau" aus dem Jahre 1856.

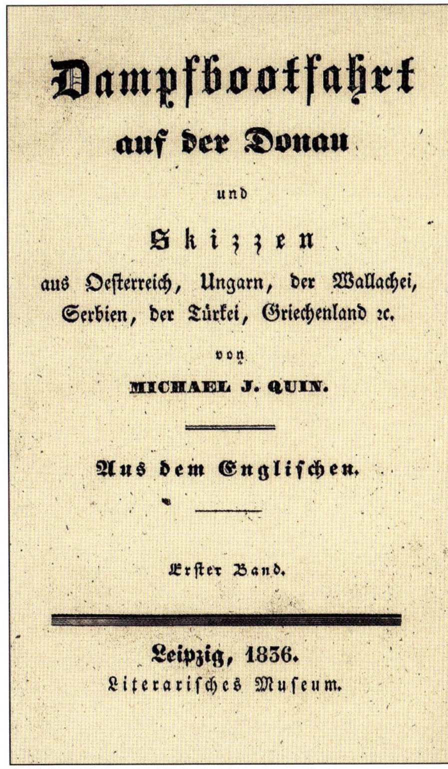

Dampfbootfahrt auf der Donau

und

Skizzen

aus Oesterreich, Ungarn, der Wallachei, Serbien, der Türkei, Griechenland ꝛc.

von

MICHAEL J. QUIN.

Aus dem Englischen.

Erster Band.

Leipzig, 1836.
Literarisches Museum.

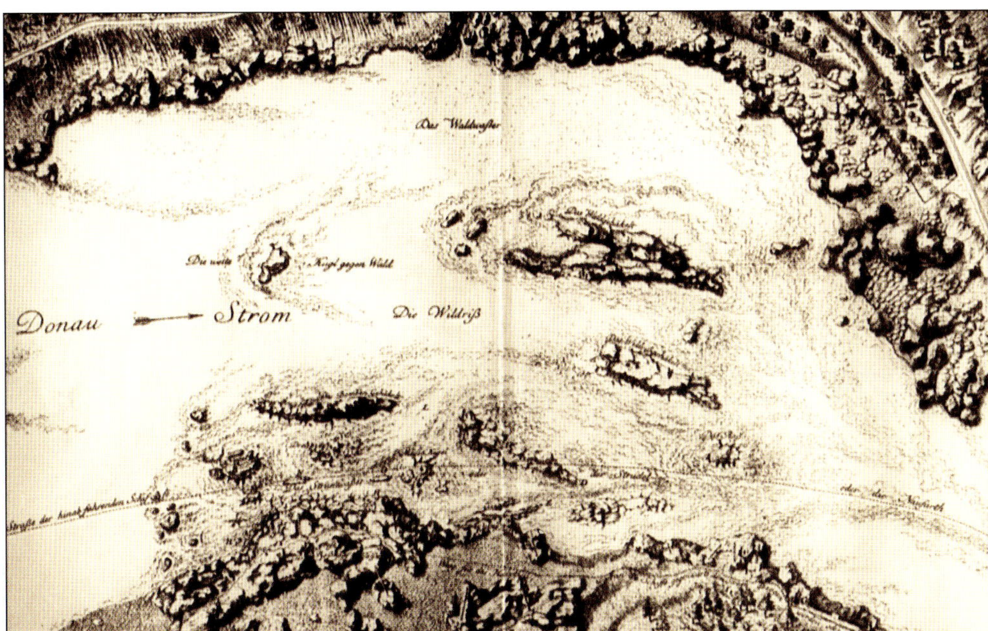

Der Greiner Strudel nach einem Kupferstich von 1781 zeigt sich hier noch von seiner gefährlichen Seite. Trotz mehrmaliger Sprengungen konnte er erst nach Vollendung des Kraftwerks Ybbs-Persenbeug im Jahre 1959 endgültig entschärft werden.

1819 für die Strecke von Ulm bis Engelhartszell und 1827 für den damals noch größtenteils unregulierten Donaulauf von Engelhartszell nach Wien. Über die Fahrt durch den gefürchteten Greiner Schwall und den Struden bemerkt er: „Bald vernimmt man ein dumpfes Tosen aus der östlichen Ferne. Die Felsenwände treten etwas zurück an beyden Ufern, und, umgürtet von einer Sandbank, deren todtes Weiß in wildem Contraste absticht von dem schwarzen Grau der Felsenblöcke an dem Strand und von dem nächtlichen Grün der Föhren an den Bergwänden, theilt eine Klippe den mächtigen Strom und bildet eine Insel in der Mitte desselben. Trümmer einer alten viereckigen Warte auf dieser Klippen-Insel, und auf deren höchster dieser Klippen ein steinernes Kreuz verkünden die Nähe des Strudels, den man immer lauter und lauter tosen hört. Ruhig gleitet ein Theil des Stromes hinab in den Arme, der sich am rechten Ufer hinzieht am Fuße eines finsteren Bergrückens! Er bildet den Hößgang, den nur kleine Fahrzeuge bey höherem Wasser zu befahren wagen dürfen. Aber der größere Theil des Stromes wirft sich am linken Ufer hinein, wo es am meisten braust, zum Kampfe mit den Felsen, die wie Meeres-Ungeheuer ihre schwarzen Köpfe aus der Tiefe des Stromes über das Wasser erheben. Schäumend und tobend bricht er an ihnen seine Wogen, und reißt das Schiff mit sich hinein zwischen dieselben. Schon bey dem Anblicke des steinernen Kreuzes auf der Klippe hat der Schiffer Stille und Schweigen gebothen! Die Ruder werden eingezogen bis auf das Steuer, das stärker bemannt wird! Das müßige Volk wird auf die Seite beschieden, damit der Steuermann frey von seinem Ruder auf den Schnabel des Floßes hinvorzusehen vermag, um gehörig zu lenken. Die Zagenden entblößen jetzt ihr Haupt und falten die Hände, um ihr schwaches Gewissen desto fester zu schützen! Aber unerbittlich reißt der Strom sie hinein in die Brandungen an den Klippen! Sie hören jetzt schon den Boden des Fahrzeuges aufschlagen auf die Felsen unter dem Wasser; die Wände des Schiffes

Der Donauführer der DDSG aus dem Jahre 1909.

Der Donauführer der DDSG aus dem Jahre 1910.

Der Donauführer der DDSG aus dem Jahre 1912.

krachen; die Wogen schlagen zischend und schäumend hinein in dasselbe; scheuen Blickes sehen die Furchtsamen um sich her, erwartend was da kommen soll, und sehen kaum, daß alle Gefahr bereits vorüber ist." Auch die Dampfschifffahrt hatte in diesem Bereich mit großen Schwierigkeiten zu kämpfen, erst der Bau des Donaukraftwerks Ybbs-Persenbeug führte zu einer Beendigung dieser Schwierigkeiten.

Vom Engländer Michael J. Quin stammt das 1836 erschienene Werk „Dampfbootfahrt auf der Donau", das in seinem ersten Band vor allem den Streckenbereich von Budapest bis zur Mündung beschreibt. Über den vergleichsweise noch gefährlicheren Abschnitt des Eisernen Tores führt er aus: „Bald gelangen wir nun zum Anfang des berühmten eisernen Thores der Donau, wie eine Reihe sehr schwierig zu passirender Strudel in dieser Gegend des Stromes heißen, der hier zugleich, auf anderthalb Stunden weit von beinah unwegsamen, eisenfarbenen Felsenwänden eingefaßt wird. Bei dem niederen Wasserstande waren sie beinahe bis an ihren Fuß sichtbar, der, obgleich Jahrtausende von den Fluthen bespült, noch so rauh und zackig war, wie er ursprünglich nur gewesen sein konnte, und die Wildheit dieser Umgebungen hatte wirklich etwas Furchtbares. Besitzt die Donau ihre gewöhnliche Tiefe, so wird das Brausen, mit dem sie ihre Gewässer durch das eiserne Thor wälzt, viele Stunden weit gehört. Die Ingenieurs benutzten jetzt den niedern Wasserstand zu einer genauen Aufnahme des Strombettes. In dieser Gegend wird die Anlage eines Kanals in dem Felsengrunde, oder auf den Felsenufern nöthig werden, der dann sein Wasser aus den Quellen der benachbarten Flüsse erhalten könnte." Bis zur Eröffnung des geplanten Kanals im Jahre 1896 sollte es noch 60 Jahre dauern, eine endgültige Sanierung dieses Schifffahrtshindernisses konnte allerdings erst mit dem im Jahre 1972 fertiggestellten Kraftwerk Djerdap beim Eisernen Tor zum Abschluss gebracht werden.

Ebenfalls im Jahre 1835 brachte die DDSG – wie schon erwähnt – ihren ersten Donauführer von Johann Hehl heraus. Sehr eingehende und interessante Reiseschilderungen stammen auch von Graf Stephan Szechenyi (1791–1860), der gewissermaßen „berufsbedingt" zahlreiche Fahrten mit Dampfern der Gesellschaft in der Absicht unternahm, bestehende Unzulänglichkeiten aufzuzeigen und für deren Beseitigung zu sorgen. Bei dieser Gelegenheit soll auch die am 13. September 1837 stattgefundene erste Fahrt des Personenschiffes „Maria Anna" nach Linz nicht unerwähnt bleiben, die in zahlreichen Beiträgen diverser Zeitungen ausführlich beschrieben worden ist.

Die bekannte Weltreisende Ida Pfeiffer (1797–1858) trat ihre erste große Reise in das Heilige Land im Jahre 1842 an. Von Wien bis Konstantinopel benutzte sie vier Schiffe der DDSG. Von Wien bis Pest war sie an Bord der „Maria Anna", von Budapest bis Drenkova wurde sie vom Dampfer „Galathea" befördert, aufgrund des niedrigen Wasserstandes erfolgte die Weiterfahrt bis Fetislav mit zwei verschiedenen Barken, wonach die Fahrt wieder mit einem Dampfschiff – nämlich der „Zrinyi" – bis Galatz fortgesetzt werden konnte, dort musste sie auf den seegängigen Dampfer „Ferdinand" für die Weiterreise bis nach Konstantinopel umsteigen. Am 22. März erfolgte die Abfahrt von Wien-Kaisermühlen und am 6. April traf sie schließlich am frühen Morgen in Konstantinopel ein. Ihrem Tagebuch sind naturgemäß auch kritische Beobachtungen zu entnehmen, von denen hier einige zitiert werden sollen. Abgesehen vom nicht gerade angenehmen sechsmaligen Wechsel des Transportmittels kam es auch zu sonstigen unerfreulichen Zwischenfällen bzw. Erlebnissen. So bekam schon einige Stunden nach der Abfahrt von Budapest das Schiff „einen so gewaltigen Stoß, daß alles auf das Verdeck eilte, um nach der Ursache zu sehen. Unser Steuermann hatte mehr Schlaf als Sehkraft im Auge, gab dem Schiff eine ungeschickte Wendung, und ein Rad blieb nach

Das Umschlagsbild des Donauführers der DDSG aus dem Jahre 1918 zeigt das 1857 errichtete Direktionsgebäude der Gesellschaft.

Ein broschierter Donauführer der DDSG mit einer Ansicht von Greifenstein aus dem Jahre 1925.

dem Verlust mehrerer Schaufeln an vorstehenden, über das Wasser ragenden Baumstöcken hängen. Schnell eilten die Matrosen in die Boote, das Schiff wurde rückwärts geleitet, und so gelang es mit vieler Mühe uns wieder flottzumachen."

„Infolge der nachwinterlichen Verhältnisse herrschten auch nicht gerade angenehme Temperaturen an Bord, die noch durch einen unerwarteten Zwischenfall verschärft wurden. Als wir uns der Stadt [Semlin] näherten, wurden einige Böller auf unserem Schiff gelöst. Man berichtete dem Kellner zu spät davon, er hatte nicht mehr Zeit, die Fenster zu öffnen, und leider zersprang eines davon - ein unersetzlicher Schaden für uns, da die Gegenden überall in Schnee gehüllt und die Temperatur auf Null gesunken war. Den Ofen hatte man schon in Wien von seinem Plätzchen verbannt, da die Sonne durch einige Tage ihre milden Strahlen ausgebreitet hatte und man vermessen auf ihre Beständigkeit rechnete. Überhaupt würde ich keinem Reisenden raten, den zweiten Platz auf einem Dampfschiff der Wiener Gesellschaft zu nehmen. Eine größere Unordnung wie da kann es nicht leicht geben. Wer nicht imstande ist, den ersten Platz zu zahlen, der bleibe nur gleich auf dem dritten, nämlich auf dem Verdeck, besonders wenn die Reise nicht weiter als bis Mohacs geht. Ist das Wetter schön, so bleibt man ohnehin lieber im Freien, um das Panorama der Donau an sich vorübergleiten zu sehen. Ist das Wetter unfreundlich, so kann man ohne Anstand in die Kajüte des zweiten Platzes gehen, denn niemand ist aufmerksam auf die Reisenden des zweiten und dritten Platzes. Sie können sich wenigstens bei Tage sowohl auf dem Verdeck als unter demselben aufhalten. Von Pest abwärts sind die Frauen gezwungen, mit den Männern die Nacht zuzubringen. Dies ist unangenehm und auch unschicklich. […] Die Kälte war so unleidlich, daß man gerne jede Öffnung geschlossen hätte, aber des vielen Tabakrauchens und der Ausdünstung all der

Ein broschierter Donauführer der DDSG mit einer Ansicht von Schwallenbach aus dem Jahre 1931.

Ein broschierter Donauführer der DDSG mit einer Ansicht von Melk und dem Personendampfer „Wien" aus dem Jahre 1934.

Die Jubiläumsausgabe von 1935 anlässlich des hundert Jahre zuvor erstmals erschienenen Donauführers der DDSG mit einem Bild des Dampfers „Argo".

armen Leute, besonders der Juden wegen, die einen großen Teil der Fracht im Ungarlande ausmachen und bei der geringsten schlechten Witterung von ihrem gezahlten dritten Platz auf den zweiten eilen, hätte man gerne Tür und Fenster aufgerissen. Es ist gar nicht zu beschreiben, was man alles auf diesen Schiffen auszustehen hat. Ungepolsterte Bänke gehören bei Tag zum Sitzen und bei Nacht zum Schlafen. Von einem Waschbecken des Morgens ist keine Spur zu entdecken; und so ging es weiter bis zum dritten Dampfschiff, dem ‚Zriyni' [...] Ich sollte doch glauben, daß man für die hohen Preise dieser Fahrt auf etwas Besseres Anspruch machen könnte."

Mitunter mussten auch weniger aufmerksame Fahrgäste ihre Reise unfreiwillig verlängern. „Von dem Innern der Städte und der meisten Orte, die man berührt, ist wenig zu sehen, weil nur auf Augenblicke angehalten wird. Da läuft und drängt sich alles durcheinander, die Glocke läutet plötzlich, die Bretter werden aufgezogen, und wer von Fremden sich um einige Augenblicke verspätet hat, muß bis zur nächsten Station auf dem Schiff bleiben. In Neusatz geschah dies einem Bedienten, der die Effekten seiner Herrschaft nicht gleich auf das Verdeck warf, sondern sie erst in die Kajüte trug. Der Ärmste mußte bis Semlin mitfahren, um dann eineinhalb Tage zu Fuß nach Hause wandern."

Auch andere prominente Zeitgenossen unternahmen Reisen mit Schiffen der DDSG und berichteten hierüber mehr oder weniger ausführlich. So reiste beispielsweise Hans Christian Andersen (1805–1875) 1834 von Orsova über Pest nach Wien und 1841 mit den Schiffen „Ferdinand I" und „Argo" von Konstantinopel nach Wien. Therese von Bacheracht (1804–1852) war 1845 von Regensburg nach Wien unterwegs und auch Franz Grillparzer (1791–1872) schilderte die Erlebnisse einer Donaureise.

Ebenso machten Mitglieder des Kaiserhauses von der vergleichsweise bequemen Möglichkeit des Reisens auf Donauschiffen sehr oft Gebrauch. Am spektakulärsten war ohne Zweifel die Brautfahrt der jungen bayerischen Prinzessin Sisi im Jahre 1854 von Straubing nach Wien anlässlich ihrer bevorstehenden Vermählung mit Kaiser Franz Joseph. Von Straubing bis nach Linz fuhr sie am 21. April mit dem bayerischen Dampfer „Stadt Regensburg" nach Linz, bereits in Passau wurde sie von einer mit dem festlich geschmückten DDSG-Dampfer „Diana" angereisten Deputation empfangen und bis Linz begleitet, wo sie vom Kaiser begrüßt wurde. Dort stieg sie auf den prachtvoll geschmückten DDSG-Dampfer „Franz Joseph" um, der sie am nächsten Tag zum festlich ausgestatteten Landeplatz Wien-Nußdorf brachte. Franz Joseph selbst war mit dem DDSG-Dampfer „Austria" von Wien gekommen, begrüßte Sisi in Linz und fuhr mit der „Austria" wieder zurück nach Wien-Nußdorf, wo er seine Braut nochmals begrüßte. Zwei Tage später fand die Vermählung in der Augustiner-Hofkirche in der Wiener Innenstadt statt.

Zur Reise nach Ägypten anlässlich der Eröffnung des Suezkanals im Jahre 1869 benützte Kaiser Franz Joseph ebenfalls einige Schiffe der DDSG, darüber gibt ein detailliertes Reiseprogramm ganz konkret Auskunft. So benutzten Franz Joseph und sein Gefolge am 26. und 27. Oktober zwischen Baziasch und Moldowa die „Schiffe ‚Gisela' und ‚Rudolf', von Jutz bis Alt-Orsowa standen die Dampfer ‚Mercur' und ‚Boreas' zur Verfügung und von Grajowa nach Rustschuk wurden schließlich die ‚Sophie' und ‚Friedrich' eingesetzt" (die Ortsnamen werden in der im betreffenden Dokument gebräuchlichen Schreibweise wiedergegeben).

Am 27. September 1896 erfolgte nach mehrjähriger Bauzeit die Eröffnung des Eisernes-Tor-Kanals im Beisein von Kaiser Franz Joseph und der Könige von Rumänien und Serbien. Auch hier war die Flagge der DDSG dominierend vertreten, nicht weniger als sechs Fahrgastdampfer der DDSG nahmen an diesem historisch bedeutsamen Festakt teil.

Der Donauführer der DDSG in englischer Sprache aus dem Jahre 1936.

Der Donauführer der DDSG aus dem Jahre 1939.

Ergänzend ist anzumerken, dass vor der Donauregulierung in Wien im Jahre 1875 die Abfahrt der stromaufwärts fahrenden Schiffe ab Nußdorf erfolgte, während die Schiffe in Richtung Budapest ab Kaisermühlen bzw. später vom Praterspitz ihre Reise antraten. Um vom Stadtzentrum auch auf dem Wasserweg zu diesen Abfahrtstellen zu gelangen, wurden kleine Zubringerschiffe – die sogenannten symmetrischen Lokalboote – eingesetzt.

1952 wurde die Personenschifffahrt zwischen Linz und Wien wieder eröffnet, offenbar aus diesem Jahr stammt der erste Nachkriegs-Donauführer der DDSG (links). Im 125. Jubiläumsjahr 1954 folgte ihm eine neu gestaltete Ausgabe (rechts), beide beschränkten sich auf die österreichische Donaustrecke.

2

AUS DEM ANSICHTSKARTEN-ARCHIV DER DDSG

Eine Variante zu Donauführern bildete eine Vielzahl von Ansichtskarten, die die Gesellschaft in Eigenregie etwa gleichzeitig ab dem Zeitpunkt der Herausgabe ihrer ersten Donauführer für die Fahrgäste der Personenschiffe auflegte.

Viele dieser Fotos waren auch in den Donauführern abgebildet, aber auch künstlerisch begabte Mitarbeiter der DDSG – wie beispielsweise Fritz Lach (1868–1933) – wurden mit der Gestaltung farbiger Donauansichten betraut. Fritz Lach war in den Jahren 1890 bis 1905 bei der DDSG als Beamter beschäftigt und beteiligte sich auch mit Erfolg an einigen Ausstellungen. Ein anderer Maler einer Serie von Donaulandschaften war Rudolf Schmidt (1873–1963), auch seine Ansichtskarten wurden viele Jahrzehnte hindurch auf den Personenschiffen der DDSG zum Verkauf angeboten. Auch Franz Witt (geb. 1864) schuf eine Reihe von kolorierten Ansichtskarten mit Donaumotiven, die auf den Fahrgastschiffen der DDSG erworben werden konnten. Überwiegend waren es jedoch Schwarz-Weiß-Fotos, die vor allem in der ersten Hälfte des 20. Jahrhunderts an Bord der Fahrgastschiffe verkauft wurden, hier sind unter anderen solche von K. Heller (Wien), B. Reiffenstein (Wien), O. Rüdiger (Aschach), M. Strobl (Wien) sowie die künstlerisch wertvollen Fotografien des Passauer Agentieleiters und Hobbyfotografen Franz Weißmann anzuführen. Eine besondere Rarität stellt das zwischen 1868 und 1870 vom Maler und Fotografen Amand Helm herausgegebene „Donau-Album“ dar, dem für dieses Buch einige Kostproben entnommen werden konnten.

Ein Künstler aus der Nachkriegszeit, der eine Vielzahl von Aquarellen und Tuschzeichnungen mit den unterschiedlichsten Schiffsmotiven anfertigte, war der auch einige Jahre bei der DDSG beschäftigte Tom Glazar (1927–1973), dessen Werke einige Jahre hindurch in den von der Gesellschaft herausgebrachten Kalendern veröffentlicht wurden.

Nach der Wiederaufnahme des Personenverkehrs auf der österreichischen Donau nach dem Zweiten Weltkrieg gelangten auch in verstärktem Umfang Farbfotos in Umlauf. Sie stammten hauptsächlich vom Ansichtskartenverlag Fenz. Margret Zell, verehelichte Schubert, gestaltete im Auftrag der DDSG zahlreiche künstlerisch anspruchsvolle Schwarz-Weiß-Fotos. Ebenso erfreuten sich auch Leporellos für bestimmte Streckenabschnitte wie beispielsweise Passau–Linz und Linz–Wien sowie Wien–Budapest bzw. von Wien zum Eisernen Tor großer Beliebtheit.

Der Ausgangspunkt des Beginns der fahrplanmäßigen Personenschifffahrt nach Linz und Wien war die Dreiflüssestadt Passau, die Kabinenschiffe nach Budapest und an das Schwarze Meer kamen erst später zum Einsatz.

Der Personendampfer „Schönbrunn" erreicht bergfahrend Passau und passiert das Unterhaus an der Ilzmündung.

In dem am linken Ufer noch in Bayern liegenden Ort Obernzell befindet sich das Schloss, dessen Bau 1426 begonnen und erst 1598 beendet wurde.

Der Hauptbau der am rechten Donauufer befindlichen Burganlage Viechtenstein stammt aus dem 16. Jahrhundert.

Das im Ort Wesenufer befindliche Schloss ist zum Gast- und Brauhof umfunktioniert worden. Der Dampfer „Schönbrunn“ befindet sich vor der Anlegestelle.

Der in Übigau erbaute Personendampfer „Linz“ (1918–1960) trug bis 1936 den Namen „Laudon“, sein Schwesterschiff „Radetzky“ musste 1918 an Jugoslawien abgegeben werden.

Der alte Ort Obermühl wurde im Zuge des Kraftwerksbaus von Aschach zur Gänze überstaut, lediglich der Getreidespeicher blieb erhalten. Fritz Lach schuf diese historische Ansicht.

Das Schloss Neuhaus wurde bereits 1338 urkundlich erwähnt, sein Neubau erfolgte 1554.

Die von A. Reckziegel gemalte Ansichtskarte zeigt das Schloss Neuhaus aus anderer Sicht.

Aschach, bei Stromkilometer 2.160 am rechten Donauufer gelegen, wurde bereits 777 urkundlich erwähnt und zählt damit zu den ältesten Orten des österreichischen Donautales.

Das am linken Donauufer liegende Ottensheim ist die älteste Marktgemeinde des Mühlviertels, auf der Ansichtskarte von Rudolf Schmidt ist das mittelalterliche Schloss deutlich erkennbar.

An der Linzer Donaulände ist das Dampfschiff „Drina“ (1874–1928) verheftet und für seinen Einsatz nach Passau bereit.

Der an der Lände verheftete Dampfer „Linz“ fuhr in der Nachkriegszeit kurzzeitig unter amerikanischer Flagge und war bis 1954 nur zwischen Linz und Passau eingesetzt. 1960 wurde er verschrottet.

Diese stimmungsvolle Ansichtskarte zeigt den Hauptplatz in Linz und stammt von Fritz Lach.

Der Ausflugsdampfer „Hebe“ (1905–1970) noch mit schwarzem Kamin an der Lände in Linz. Das Foto dürfte aus der Zwischenkriegszeit stammen.

Das Schloss Wallsee bei Stromkilometer 2.093 am rechten Donaufer gehört zum Familienbesitz des Hauses Habsburg. Im Vordergrund der Dampfer „Franz Schubert“.

Grein liegt am Beginn der einst wegen ihrer zahlreichen Strudel und Wirbel gefürchteten Stromstrecke. Die Ansichtskarte von Franz Witt zeigt die Greinburg, die Stadt Grein und einen talfahrenden Personendampfer.

Der Dampfer „Franz Josef" (1853–1934), 1918 in „Melk" umbenannt, bei der Abfahrt von Grein.

Fritz Lach malte Grein schon lange vor der Errichtung des Kraftwerks Ybbs-Persenbeug, was einen interessanten Blick in die Vergangenheit ermöglicht.

Nach dem Bau des Kraftwerks können in Grein insbesondere an der Donaulände einige wesentliche Veränderungen festgestellt werden.

Die Ruine Werfenstein wurde bereits 1242 urkundlich genannt und auch im Nibelungenlied erwähnt, sie befindet sich am linken Ufer bei Stromkilometer 2.076.

St. Nikola verdankt seinen Namen dem Schifferpatron Nikolaus, alljährlich am 6. Dezember versammeln sich an diesem Ort die Schiffer zu seinem Gedenken. Hier fährt die „Hebe" zu Tal.

Sarmingstein verfügt über einige sehenswerte alte Bürgerhäuser, seine romantische Lage regte Fritz Lach sicherlich zur Gestaltung dieser Ansichtskarte an.

Das Tragflügelboot „Delphin" (1968–1976) verkehrte fahrplanmäßig zwischen Wien und Linz.

Fitz Lach konnte das Schloss Persenbeug noch vor der Kraftwerkserrichtung bewundern.

Die Baustelle des in Nassbauweise errichteten Donaukraftwerks Ybbs-Persenbeug im Jahre 1958.

Ein Schleppzug und ein Personendampfer werden in den beiden Schleusenkammern des 1959 fertiggestellten Kraftwerks Persenbeug abgeschleust.

Die am rechten Donauufer unterhalb von Persenbeug liegende Stadt Ybbs war ein bedeutender Handelsplatz und kann auf eine wechselvolle und ereignisreiche Geschichte zurückblicken.

Marbach wurde vor allem durch seine am Berg befindliche Wallfahrtskirche Maria Taferl zu einem beliebten Ausflugs- und Pilgerziel, die Ansichtskarte stammt von A. Reckziegel.

Der Personendampfer „Pöchlarn“ (1874–1944) hieß ursprünglich „Fiume“, wurde 1904 zur „Habsburg“, erst ab 1938 trug er den Namen „Pöchlarn“.

Weitenegg, die bedeutendste Ruine des Nibelungengaues, ist hier auf einer von Fitz Lach gestalteten Ansichtskarte abgebildet.

Das von Jakob Prandtauer und Josef Munggenast zwischen 1702 und 1736 erbaute Benediktinerstift Stift Melk stellt einen der besonderen touristischen Höhepunkte am Eingang zur Wachau dar. Der Dampfer „Franz Schubert" befindet sich vor dem nach 1950 neu errichteten Abfertigungsgebäude.

Oberhalb von Schönbühel befand sich in den 1920er-Jahren eine Anlegestelle, an der das Lokalboot „Dürnstein" auf seine Abfahrt wartet.

Eines der beliebtesten Ansichtskartenmotive der Wachau ist das Schloss Schönbühel, hier hat es Fritz Lach aus einer etwas anderen Perspektive gemeinsam mit dem Kloster festgehalten.

Der Dampfer „Habsburg" passiert auf seiner Talfahrt Schönbühel, dieses Schloss wurde zwischen 1819 und 1821 gebaut.

Das Motorfahrgastschiff „Stadt Wien" (von 1939 bis 1995 bei der DDSG) noch einmal mit dem Schloss Schönbühel im Hintergrund.

Einer Sage zufolge wollte hier oberhalb von Spitz der Teufel die Donau absperren, ein zu früh krähender Hahn vereitelte allerdings diese „Teufelsmauer". Franz Witt hat die Felsbarriere malerisch verewigt.

Der Dampfer „Melk", früher „Franz Josef", passiert bergfahrend die schon 976 urkundlich erwähnte Ruine Hinterhaus oberhalb von Spitz.

Das Motorfahrgastschiff „Theodor Körner“ (von 1965 bis 1995 bei DDSG) auf der Höhe von Arnsdorf.

Die Station Spitz liegt in der Mitte der Wachau. An der Anlegestelle wartet der Personendampfer „Sophie“ auf seine Abfahrt nach Melk.

Die Kirchenburg St. Michael, die älteste 987 erstmals genannte Kirche der Wachau, malte Fitz Lach vom gegenüberliegenden Donauufer aus.

Das Lokalschiff „Aschach“ passiert die Kirche St. Michael, die wegen ihrer sieben Hasen auf dem Dachfirst und ihres romanischen Karners bekannt ist.

Die Gemeinden Weißenkirchen, St. Michael, Wösendorf und Joching wurden ursprünglich „Wachau" genannt, ihr Hauptort war Weißenkirchen, hier von Fritz Lach malerisch verewigt.

Eine bizarre Felspartie nahe der Ruine Dürnstein auf einem beeindruckenden Werk von Fitz Lach.

Dürnstein, der wohl bekannteste und meistbesuchte Ort der Wachau, von Fritz Lach vom rechten Donauufer aus gesehen und gemeinsam mit der sagenumwobenen Burgruine dargestellt.

Bei Loiben wurden die Franzosen im Jahre 1805 geschlagen. Franz Witt hat den unterhalb von Dürnstein liegenden Ort mit dem talfahrenden Dampfer „Mars“ festgehalten.

Auch Stein, die Schwesterstadt von Krems, wurde von Franz Witt mit einem unter der Straßenbrücke nach Mautern bergfahrenden Personenschiff eindrucksvoll zur Geltung gebracht.

Das Foto mit dem Motorfahrgastschiff „Stadt Passau“ (von 1940 bis 1995 bei der DDSG) bei Stein entstand etwa ein halbes Jahrhundert später, es wurde von der Brücke aus geschossen.

Auch Fritz Lach konnte sich diesem beliebten Motiv nicht entziehen.

Franz Witt gestaltete diese stimmungsvolle Ansichtskarte, die eine nächtliche Dampferfahrt und die beleuchtete Franz-Josefs-Bahn bei Greifenstein zeigt.

Die Burg Greifenstein mit Blick auf die Donau – vom sogenannten Karlstein aus gesehen – bildete immer wieder ein beliebtes Motiv für Maler und Fotografen, hier war Rudolf Schmidt am Werk.

Das Zugschiff „Wladiwostok“ (russische DDSG, 1923 erbaut), ehemals und nach 1955 wieder „Persenbeug“, ist hier Anfang der 1950er-Jahre aushilfsweise als Personenschiff im Bäderverkehr Wien–Greifenstein eingesetzt.

Das Strandbad Kritzendorf bildete neben den in Klosterneuburg und Greifenstein befindlichen Donaubädern eines der beliebten Ausflugsziele im Nahbereich von Wien, sie waren mit eigenen Bäderschiffen erreichbar.

Klosterneuburg im Jahre 1870. Eine etwas ungewöhnliche Ansicht aus dem „Donau-Album" von Amand Helm: Die Türme der Stiftskirche sind noch nicht ausgebaut und die Stadt liegt direkt am Strom.

Der Leopoldsberg ist ein beliebter Wiener Hausberg, der gemeinsam mit dem Kahlenberg als gerne besuchtes Ausflugsziel mit einem herrlichen Blick auf Wien und die Donau gelten darf. Rechts im Hintergrund ist die Stiftskirche Klosterneuburg zu sehen.

Der Dampfer „Hebe“ nach 1955, hier vor der ehemaligen Direktion der DDSG am Donaukanal verheftet, war ein beliebtes Ausflugsschiff der Wiener.

Das Motorfahrgastschiff „Vindobona“ (von 1979 bis 1995 bei DDSG), hier bei der Wiener Reichsbrücke, führt noch immer seine beliebten Donau- und Kanalrundfahrten durch.

Die Schiffstation Praterkai an der Donau, wie sie sich im Jahre 1909 darstellte.

Die Schiffstation Praterkai mit dem Expressdampfer „Uranus“ (1916–1957) in der Zwischenkriegszeit, im Hintergrund die 1900 aus Anlass des Regierungsjubiläums von Franz Joseph in romanisierter Form errichtete Kirche.

Der Dampfer „Franz I" im ersten Betriebsjahr 1830 der 1829 gegründeten I. DDSG bei der Abfahrt von Wien nach Budapest.

Rudolf Schmidt gestaltete ein Bild der Stadt Hainburg mit der Festung auf dem Schlossberg, das im Vordergrund einen Zweikaminer zeigt.

Die Personendampfer „Hebe“ und „Johann Strauß“ warten bei der Anlegestelle Hainburg auf ihre Abfahrt nach Wien, die „Hebe“ war nach 1955 viele Jahre hindurch im Ausflugsverkehr zwischen Wien und Hainburg eingesetzt.

Die Grenzstadt Hainburg lag nach dem Zweiten Weltkrieg nahe dem bis zur Ostöffnung um 1989 bestehenden „Eisernen Vorhang“. Hier eine während dieses Krieges entstandene Ansichtskarte.

An der Marchmündung erhebt sich am linken Ufer bei Stromkilometer 1.880 der Thebner Kogel.

Die slowakische Hauptstadt Bratislava, ehemals Pressburg bzw. Poszony, hier auf einer Ansichtskarte von Rudolf Schmidt.

Am Kai von Bratislava liegt das Lokalboot „Sokol", das ehemalige DFS „Wachau" der DDSG.

Die slowakische Grenzstadt Komorn am linken Ufer liegt bei Stromkilometer 1.768 gegenüber dem ungarischen Komarom, hier auf einer Ansichtskarte von Rudolf Schmidt.

Der ungarische Bischofssitz Esztergom liegt am Eingang der ungarischen Wachau, hier im „Donau-Album“ von Amand Helm 1870 noch als „Gran“ bezeichnet.

Die Burg Visegrad, gegenüber von Nagymaros, erlebte ihre Glanzzeit im 14. Jahrhundert und ist ein beliebtes Ausflugsziel im Nahbereich von Budapest.

Auf dieser Ansichtskarte von Rudolf Schmidt kann man von Nagymaros bei Kilometer 1.695 die gesamte Anlage von Visegrad überblicken.

Der in Budapest erbaute Personendampfer „Szechenyi" war von 1853 bis 1925 im Einsatz.

Die Stadt Vacz (früher Waitzen) – etwa 30 Kilometer stromaufwärts von Budapest gelegen – beherbergt neben einer Schiffswerft auch das Staatsgefängnis. Die Ansichtskarte stammt von Rudolf Schmidt.

Budapest stellte in der Gründungszeit der DDSG das Zentrum der Gesellschaft schlechthin dar, auf dieser Ansichtskarte ist der Landungsplatz der DDSG vor dem Zweiten Weltkrieg zu sehen.

Die Festung Peterwardein mit dem DFS „Osek", dem ehemaligen „Lokalboot IV" der DDSG, im Vordergrund.

Die Festung Kalemegdan in Belgrad wurde in der ersten Hälfte des 14. Jahrhunderts erbaut und ist eines der eindrucksvollen Wahrzeichen der serbischen Hauptstadt.

Der Greben-Fels bei Stromkilometer 999 erhielt seine hier abgebildete markante Form durch zahlreiche Sprengungen, die die schwierige Stromstrecke oberhalb des Eisernen Tores etwas entschärfen sollten.

Der Kazanpass stellt wohl den eindrucksvollsten Donaudurchbruch des gesamten Stromverlaufs dar.

Die Insel Ada Kaleh wurde im Zuge der Errichtung des Eisernes-Tor-Kraftwerks überstaut, einige Gebäude wurden auf der ungefähr 30 Kilometer stromabwärts befindlichen Insel Simian wieder aufgebaut.

Das „Eiserne Thor" während einer Niederwasserphase um 1870. In solchen Situationen mussten die Fahrgäste von Personendampfern diese Passage auf dem Landweg überbrücken. Das Bild stammt aus dem „Donau-Album" von Amand Helm.

Der 1896 durch Kaiser Franz Joseph eröffnete Eisernes-Tor-Kanal entschärfte die Lage zwar einigermaßen, endgültig konnte diese schwierige Stromstelle aber erst durch das 1972 bei Turn Severin errichtete Kraftwerk Djerdap beseitigt werden.

Der Donauhafen Braila liegt 170 Kilometer oberhalb der Donaumündung, bis hierher kamen Hochseeschiffe 1870 noch unter Segeln die Donau stromaufwärts. Auch dieses Bild entstammt dem „Donau-Album" von Amand Helm.

3

FAHRPLÄNE, FAHRKARTEN, KALENDER UND WERBEMATERIAL

Als Ausgangspunkt des Schiffsverkehrs nach seiner Erweiterung auf den gesamten Donauraum entwickelte sich schon bald nach der Ausdehnung des Personenverkehrs auf den Streckenbereich oberhalb von Linz die bayerische Grenzstadt Passau. Von hier aus starteten die Fahrgastschiffe nach Linz und Wien, mit der Einführung der Kabinenschifffahrt nach dem Zweiten Weltkrieg auch bis nach Budapest und letztlich bis nach Izmail bzw. an die Donaumündung nach Sulina. Der Lokalverkehr wurde in der Wachau, im Wiener und Budapester Bereich sowie zwischen Wien und Hainburg bzw. Pressburg betrieben. Die am stärksten frequentierte Strecke zwischen Melk und Krems wurde auch bis Grein bzw. Hollenburg erweitert. In der Zwischenkriegszeit bestand auch zwischen Wien und Greifenstein der sogenannte Bäderverkehr. Auch zwischen Budapest und Mohacs und auf einigen anderen Strecken unterhalb von Budapest sowie auf einigen schiffbaren Nebenflüssen waren bis zum Ausbruch des Zweiten Weltkrieges regelmäßige Verbindungen eingerichtet. Daneben wurden auch auf der unteren Donau mehrere Relationen bedient. Diese Vielzahl von Linien, auf denen ein fahrplanmäßiger Verkehr stattfand, machte auch entsprechende Informationen durch Fahrpläne sowohl in Form von Aushang- und Taschenfahrplänen als auch in den Medien notwendig.

Wie aus einschlägigen Veröffentlichungen und Fahrplänen ersichtlich, wurde auch der Güterverkehr regelmäßig und nach vorgegebenen Betriebszeiten ab Regensburg abgewickelt.

Neben den Fahrplänen wurde entsprechende Öffentlichkeitsarbeit in verschiedenen Medien – zum Beispiel auch durch Filmdokumentationen – sowie mittels Plakaten und Prospekten für besonders attraktive Streckenabschnitte betrieben.

Großer Beliebtheit erfreuten sich auch die ab Mitte der 1960er-Jahre alljährlich herausgegebenen Stehkalender der Gesellschaft. Sie waren reich bebildert, zeigten Fotos aus allen Geschäftsbereichen des Unternehmens und dienten der Werbung für die diversen seitens der Gesellschaft erbrachten Verkehrsleistungen. Einige Jahre hindurch wurden sie um Nachdrucke von Aquarellen und Tuschzeichnungen des von 1953 bis 1959 bei der Gesellschaft beschäftigten Hobbymalers Tom Glazar (1927–1973) bereichert. In den 1970er-Jahren konnte auch der Autor dieses Buches mit eigenen Fotos an der Gestaltung dieser Kalender mitwirken.

K. K. priv. Donau- Dampfschifffahrt.

Das

Dampfboot Maria Anna

fährt

am Dinstag, den 19. September 1837, Früh Schlag 7 Uhr,

von

LINZ nach WIEN.

Preise der Plätze für Reisende:

	Platz				Verdeck	
	I.		II.			
	Conventions-Münze.					
	fl.	kr.	fl.	kr.	fl.	kr.
Von LINZ nach Mauthausen	2	—	1	20	—	40
- - - Grein . .	3	—	2	—	1	10
- - - Ybbs. . .	4	—	2	40	1	30
- - - Pöchlarn . .	5	—	3	30	2	—
- - - Mölk. . .	6	—	4	20	2	20
- - - Krems . .	8	—	5	20	2	40
- - - Wien . .	10	—	7	—	4	—

Für die auf dem Dampfboote befindlichen abgesonderten Cabinen, mit Betten für Personen, welche Reisende zu benützen wünschen, ist pr. Cabine:
bey der Abwärtsfahrt von Linz nach Wien
bey der Aufwärtsfahrt von Wien nach Linz
— nebst dem ersten Platzpreise für jede einzelne Person, zu bezahlen.

60 Pfund Gepäcke frey.

Aufnahms-Karten werden ausgegeben im Dampfschiffs-Bureau durch Paul Lüftenegger's sel. Witwe, im Gasthofe zum goldenen Adler, an der Donau.

Eine Fahrplanankündigung von 1837 für das Dampfboot „Maria Anna" aus der Festschrift von 1937.

Ein Werbeplakat von 1933, „Bereiset die schöne Donau".

Fahrkartenmuster diverser Kartonfahrkarten. Die fallweise angeführten Stationsnummern dienten zur Erleichterung der Ein- und Ausstiegskontrolle.

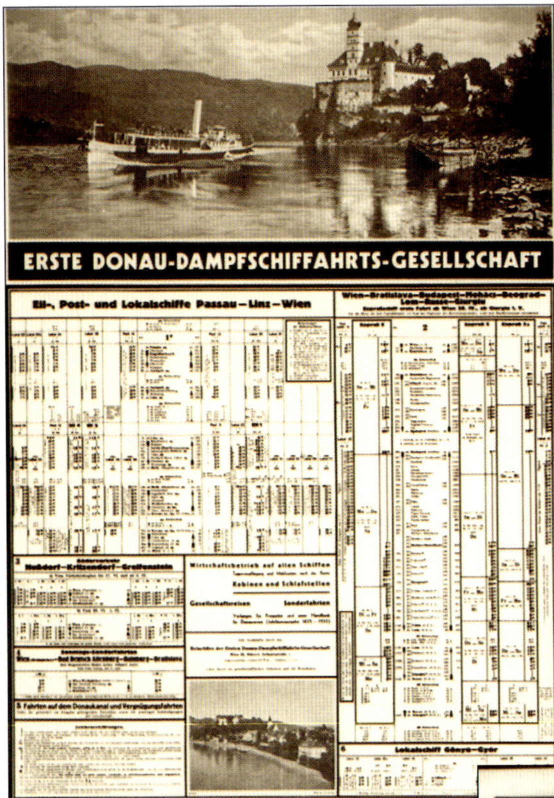

Der DDSG-Fahrplan für die Saison 1935.

Werbematerial der DDSG aus der Festschrift 1937.

Ein Teil der im Jahr 1937 stattgefundenen Ausstellung.

Hundert Jahre Donau-Dampfschiffahrt in Österreich

DIE ABFAHRT DES DAMPFSCHIFFES MARIA ANNA VON LINZ NACH WIEN AM 19. SEPTEMBER 1837

Aus dem Museum in Krems

Hundert Jahre Donau-Dampfschiffahrt in Österreich

S/S „Johann Strauß"

19. Juni 1937

Fahrt Linz—Melk

*

Gulyás, Kartoffeln

Wiener Würstchen, Kren, Senf

Hirn mit Ei

Käse- und Schinkenbrötchen

Nußdorfer Bier

Matzner 1936

Vorder- und Rückseite der Einladung zur Festveranstaltung „Hundert Jahre Donau-Dampfschiffahrt in Österreich" am 19. September 1937.

Der Prospekt „Donaufahrten in Österreich".

Tom Glazar: der Dampfer „Johann Strauß" 1956 bei der Wiener Reichsbrücke, aus dem Kalender von 1983.

Tom Glazar: das MFS „Stadt Passau“ 1965 oberhalb der Wiener Reichsbrücke, aus dem Kalender von 1983.

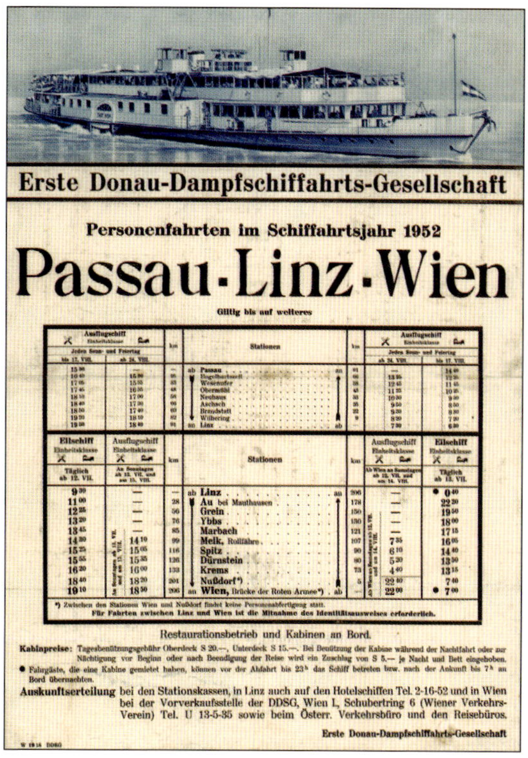

Erste Donau-Dampfschiffahrts-Gesellschaft

Personenfahrten im Schiffahrtsjahr 1952

Passau · Linz · Wien

Gültig bis auf weiteres

Ausflugschiff Einheitsklasse, Jeden Sonn- und Feiertag, bis 17. VIII.	Ausflugschiff Einheitsklasse, Jeden Sonn- und Feiertag, ab 24. VIII.	km	Stationen	km	Ausflugschiff Einheitsklasse, Jeden Sonn- und Feiertag, ab 24. VIII.	Ausflugschiff Einheitsklasse, Jeden Sonn- und Feiertag, bis 17. VIII.
15^{30}	—	—	ab Passau ... an	91	—	14^{40}
16^{40}	15^{00}	26	Engelhartszell	66	13^{25}	12^{25}
17^{05}	15^{55}	33	Wesenufer	58	12^{45}	11^{45}
17^{45}	16^{35}	48	Obermühl	43	11^{25}	10^{25}
18^{10}	17^{00}	58	Neuhaus	33	10^{30}	9^{30}
18^{40}	17^{30}	66	Aschach	25	9^{50}	8^{50}
18^{50}	17^{40}	69	Brandstatt	22	9^{30}	8^{30}
19^{20}	18^{10}	82	Wilhering	9	8^{20}	7^{20}
19^{50}	18^{40}	91	an Linz ... ab	—	7^{30}	6^{30}

Eilschiff Einheitsklasse, Täglich ab 12. VII.	Ausflugschiff Einheitsklasse, An Sonntagen ab 13. VII. und am 15. VIII.	km	Stationen	km	Ausflugschiff Einheitsklasse, Ab Wien an Samstagen ab 12. VII. und am 14. VIII.	Eilschiff Einheitsklasse, Täglich ab 13. VII.
9^{30}	—	—	ab **Linz** ... an	206	—	● 0^{40}
11^{00}	—	28	**Au** bei Mauthausen	178	—	22^{20}
12^{25}	—	56	**Grein**	150	—	19^{50}
13^{20}	—	76	**Ybbs**	130	—	18^{00}
13^{45}	—	85	**Marbach**	121	—	17^{15}
14^{30}	14^{10}	99	**Melk,** Rollfähre	107	7^{35}	16^{05}
15^{25}	15^{05}	116	**Spitz**	90	6^{10}	14^{40}
15^{55}	15^{35}	126	**Dürnstein**	80	5^{20}	13^{50}
16^{20}	16^{00}	133	**Krems**	73	4^{40}	13^{15}
18^{40}	18^{20}	201	**Nußdorf***)	5	22^{40}	7^{40}
19^{10}	18^{50}	206	an **Wien,** Brücke der Roten Armee*) ... ab	—	22^{00}	● 7^{00}

*) Zwischen den Stationen Wien und Nußdorf findet keine Personenabfertigung statt.

Für Fahrten zwischen Linz und Wien ist die Mitnahme des Identitätsausweises erforderlich.

Restaurationsbetrieb und Kabinen an Bord.

Kabinpreise: Tagesbenützungsgebühr Oberdeck S 20.—, Unterdeck S 15.—. Bei Benützung der Kabine während der Nachtfahrt oder zur Nächtigung vor Beginn oder nach Beendigung der Reise wird ein Zuschlag von S 5.— je Nacht und Bett eingehoben.

● Fahrgäste, die eine Kabine gemietet haben, können vor der Abfahrt bis 23^{h} das Schiff betreten bzw. nach der Ankunft bis 7^{h} an Bord übernachten.

Auskunftserteilung bei den Stationskassen, in Linz auch auf den Hotelschiffen Tel. 2-16-52 und in Wien bei der Vorverkaufsstelle der DDSG, Wien I., Schubertring 6 (Wiener Verkehrs-Verein) Tel. U 13-5-35 sowie beim Österr. Verkehrsbüro und den Reisebüros.

Erste Donau-Dampfschiffahrts-Gesellschaft

W 1918 DDSG

Ein Aushangfahrplan von 1952, dem ersten Jahr des nach 1945 wieder aufgenommenen Verkehrs zwischen Passau, Linz und Wien.

Tom Glazar: das Eilschiff „Franz Schubert“ an der Anlegestelle, aus dem Kalender von 1985.

Tom Glazar: der Dampfer „Hebe“ in der Wachau, aus dem Kalender von 1980.

Tom Glazar: das Doppelradschiff „Tachtalia" in den Katarakten, aus dem Kalender von 1974.

Tom Glazar: der Personendampfer „Radetzky", aus dem Kalender von 1977.

Tom Glazar: der Dampfer „Sophie“ an der Anlegestelle vor 1938, aus dem Kalender von 1980.

Die linke Abbildung zeigt die Ankündigung der ab 1953 wieder aufgenommenen Rundfahrten des Dampfers „Hebe“ am Wiener Donaukanal, rechts ist ein Fahrplan der Ausflugsfahrten zwischen Passau und Linz im Jahre 1979 zu sehen.

Tom Glazar: das MFS „Stadt Wien“ 1969 vor einem russischen Kabinenschiff an der Anlegestelle, aus dem Kalender von 1985.

Tom Glazar: der Donaubus „Maria“ 1968 am Wiener Donaukanal, aus dem Kalender von 1978.

Tom Glazar: der Dampfer „Budapest" nach der Abfahrt von Grein, aus dem Kalender von 1978.

Tom Glazar: das DFS „Schönbrunn" oberhalb der Wiener Reichsbrücke, aus dem Kalender von 1985.

Tom Glazar: das DFS „Szechenyi", aus dem Kalender von 1974.

Tom Glazar: der Personendampfer „Leda" am Wiener Donaukanal, aus dem Kalender von 1974.

Tom Glazar: das Lokalschiff „Dürnstein" oberhalb von Dürnstein, aus dem Kalender von 1974.

Der letzte Taschenfahrplan der DDSG aus dem Jahre 1995.

4

FESTSCHRIFTEN UND ANDERE PUBLIKATIONEN

Während ihres 175-jährigen Bestehens nützte die Gesellschaft einige besondere runde Jahrestage zur Herausgabe von Jubiläumsschriften, die neben aufschlussreichen historischen Rückblicken auch meist eine Vielzahl von Fotos aus der bewegten Geschichte des Unternehmens enthielten. Die erste derartige Publikation erschien im Jahre 1880 – 50 Jahre nach Inbetriebnahme des ersten Dampfers „Franz I" –, als sich das Unternehmen als größte Binnenschifffahrts-Gesellschaft der Erde bezeichnen konnte.

Die Zeit der Wirtschaftskrise 1929/30 betrachtete man offenbar nicht als geeigneten Anlass zum Feiern, weshalb man sich im Geschäftsbericht lediglich auf den stolzen Hinweis, dass „der 17. September 1830, der Tag, an dem das erste Dampfboot FRANZ I seine Probefahrt zwischen Wien und Budapest erfolgreich beendet hatte und von dem das damals der Gesellschaft verliehene Privilegium datiert ist, den Anfang einer neuen Wirtschaftsentwicklung der Donauländer bedeutet".

Gewissermaßen als Ausgleich für dieses Versäumnis nützte man dafür acht Jahre später im Jahre 1937 die Gelegenheit, die hundert Jahre zuvor erfolgte erste Fahrt eines Personenschiffes – der „Maria Anna" – zwischen Wien und Linz mit einer Jubiläumsfahrt unter dem Titel „100 Jahre Personenschiffahrt in Österreich" zu begehen, an der acht Personenschiffe, angeführt von einem Nachbau der „Maria Anna", teilnahmen. Anlässlich dieser Feierlichkeiten erschien auch die Broschüre „Die Anfänge der Dampfschiffahrt auf der österreichischen Donau". Daneben legte die Österreichische Postverwaltung am 9. Juni 1937 eine drei Werte umfassende Sonderpostmarkenserie auf.

Nach dem Zweiten Weltkrieg und ein Jahr vor der Unterzeichnung des Österreichischen Staatsvertrages wurde das 125-jährige Firmenjubiläum 1954 bereits in etwas feierlicherer Form begangen.

Ein besonders festliches Ereignis stellte das im Jahre 1979 erfolgte Jubiläum zur 150. Wiederkehr des Gründungsjahres der Gesellschaft dar. Auch aus diesem Anlass erschien eine umfangreich und ausführlich gestaltete Festschrift mit dem Titel „Rot-weiß-rot auf blauen Wellen", die ausgestattet mit zahlreichen Farbfotos die überaus wechselvolle Geschichte des Unternehmens in eindrucksvoller Weise in Erinnerung rief.

1994 – zur 175. Wiederkehr des Gründungstages der Gesellschaft – war die DDSG zwar bereits beinahe Geschichte, das Schiffahrts-Museum Regensburg erinnerte sich aber in dankenswerter Weise an dieses historische Ereignis und widmete diesem denkwürdigen Anlass einen Sonderband seiner Schriftenreihe „Donau-Schiffahrt“ mit zahlreichen Beiträgen ehemaliger Mitarbeiter der Gesellschaft.

Im Jahre 1938 erschien auch der erste Band des „Wissenschaftlichen Jahrbuchs der I. DDSG“, der infolge der eingetretenen politischen Veränderungen bedauerlicherweise eine Einzelausgabe ohne die vorgesehenen Nachfolgebände blieb. In den Jahren 1936 und 1937 fanden drei Exkursionen von Naturwissenschaftlern aus der Schweiz und Österreich mit DDSG-Dampfern ins Donaudelta statt, deren Ergebnisse in diesem „Wissenschaftlichen Jahrbuch“ zusammengefasst sind.

Im Jahre 1939 wurde ein umfangreicher „Wissenschaftlicher Donauführer“ herausgebracht, der eine Reihe von Beiträgen namhafter Fachleute über verschiedene die Geschichte der Schifffahrt, die Tier- und Pflanzwelt entlang des Stromes, die am Strom angesiedelten Volksgruppen und viele andere spezielle die Donau betreffende Themen enthielt.

Eine weitere interessante Publikation stellt der im Jahre 1974 erschienene Band „Vom Raddampfer zum Schubverband“ dar, den der technische Leiter der Gesellschaft, DI Hans Scherer, verfasste. Das sehr ins Detail gehende eindrucksvolle Werk beinhaltet eine ausführliche Darstellung der technischen und nautischen Entwicklung der DDSG-Flotte vom Gründungsjahr 1829 bis in die jüngste Vergangenheit.

Eine interessante Informationsquelle für Kunden und Freunde der Gesellschaft bildeten auch die zwischen 1967 und 1984 erschienenen 48 Folgen der Firmenzeitung „Donaukurier“. Neben den jeweils aktuellen Beförderungsleistungen der Gesellschaft wurden auch Beiträge aus der Unternehmensgeschichte, Einzelheiten über die in Verwendung stehenden verschiedenen Schiffstypen des Unternehmens, eine Serie über die einzelnen Schifffahrtsgesellschaften und andere wesentliche die Donauschifffahrt betreffende Ereignisse veröffentlicht.

Der Umschlag der broschierten Festschrift, die anlässlich des 100. Jubiläums der ersten Fahrt nach Linz im Jahr 1937 erschienen ist.

Die Ankunft der „Maria Anna“ in Stein 1837, aus der Jubiläumsfestschrift 1937.

WISSENSCHAFTLICHES
JAHRBUCH
DER ERSTEN DONAU
DAMPFSCHIFFAHRTS
GESELLSCHAFT
BAND 1
1938

VERLAG WALDHEIM-EBERLE A.G. / WIEN

Die Titelseite des ersten Bandes des im Jahre 1938 erschienenen Wissenschaftlichen Jahrbuchs, bedauerlicherweise folgte kein zweiter Band.

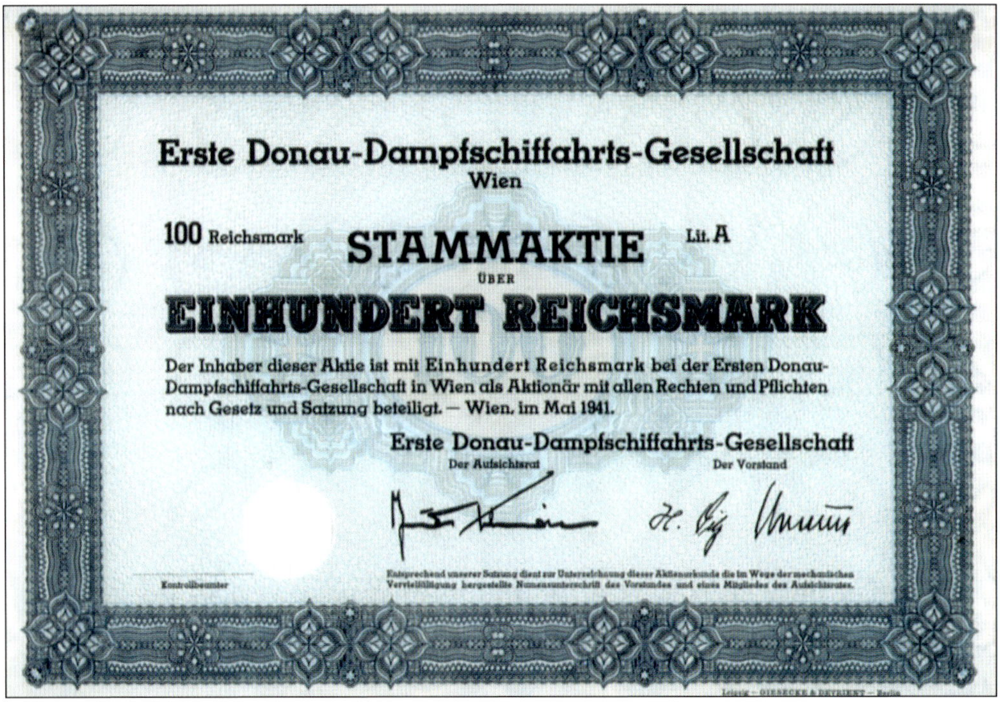

Erste Donau-Dampfschiffahrts-Gesellschaft
Wien

100 Reichsmark **STAMMAKTIE** Lit. A

ÜBER

EINHUNDERT REICHSMARK

Der Inhaber dieser Aktie ist mit Einhundert Reichsmark bei der Ersten Donau-Dampfschiffahrts-Gesellschaft in Wien als Aktionär mit allen Rechten und Pflichten nach Gesetz und Satzung beteiligt. – Wien, im Mai 1941.

Erste Donau-Dampfschiffahrts-Gesellschaft

Der Aufsichtsrat | Der Vorstand

Kontrollbeamter

Entsprechend unserer Satzung dient zur Unterzeichnung dieser Aktienurkunde die im Wege der mechanischen Vervielfältigung hergestellte Namensunterschrift des Vorstandes und eines Mitgliedes des Aufsichtsrates.

Aktien wurden immer wieder abgebildet, hier ist eine im Wert von 100 Reichsmark aus dem Jahre 1941 zu sehen.

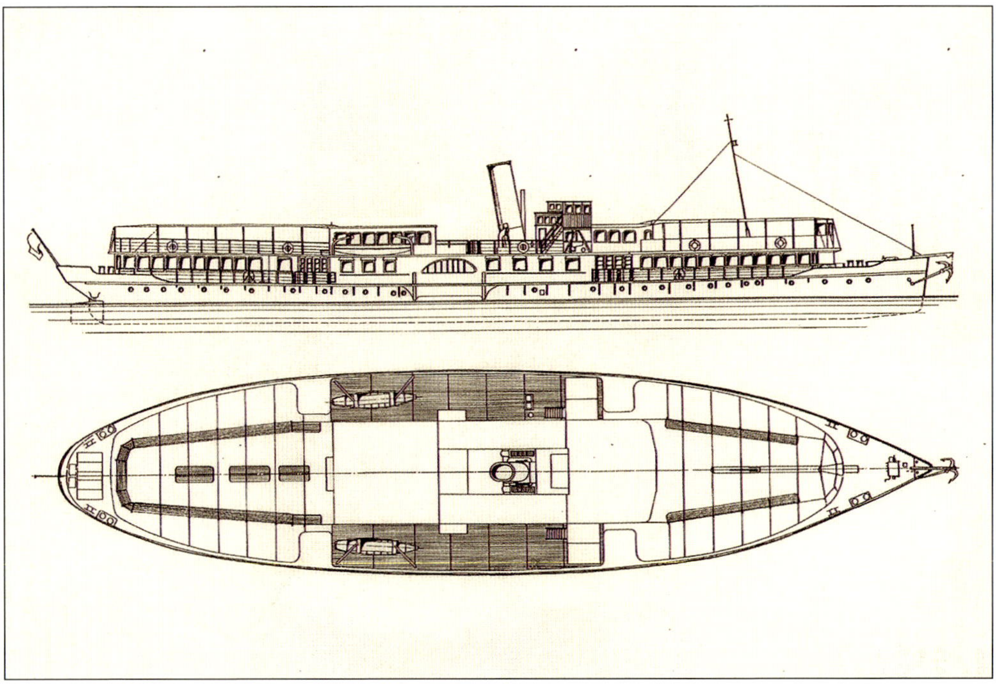

Der Plan des 1950 umgebauten Personendampfers „Johann Strauß" aus dem Buch von DI Hans Scherer.

Die Titelseite des vom Leiter der technischen Abteilung DI Hans Scherer verfassten Buches „Vom Dampfer zum Schubverband", erschienen im Jahre 1974.

Informationen an die Mitarbeiter und Freunde der Ersten-Donau-Dampfschiffahrtsgesellschaft, Wien | FOLGE 1 OKT. 1967

Tradition und Fortschritt

Komm.-Rat Dr. Walter F. Polaschek — Vorsitzender des Vorstandes

Die Herausgabe des „Donau-Kurier" erfolgt im 140. Jahr des Bestandes der I. DDSG, die somit nicht nur das älteste Schiffahrtsunternehmen an der Donau ist, sondern sich auch im Rahmen der europäischen Binnenschiffahrt auf eine Tradition berufen kann, die es kaum ein zweites Mal gibt. Gegen Ende des vorigen Jahrhunderts war die DDSG mit einem Flottenstand von mehr als 1000 Einheiten die größte Binnenreederei der Welt. Das Unternehmen hat für die verkehrsmäßige und damit auch gesamtwirtschaftliche Erschließung des europäischen Südostraumes entscheidende Pionierarbeit geleistet.
Seither sind zwei Weltkriege über Europa hinweggezogen, und es wurde aus dem einstigen großen österreichisch-ungarischen Donaureich eine Vielzahl von Nationalstaaten. Österreich wurde ein kleiner Staat mit einem Achtel der einstigen Fläche und einem Siebtel der früheren Einwohnerzahl; aber es blieb nach wie vor ein Donauland und — vor allem seit 1945 — mehr denn je verkehrsgeographisch und geopolitisch das Herzstück Europas. Kein anderes österreichisches Unternehmen konnte an Hand des Schicksals, das ihm in den letzten Jahrzehnten widerfahren ist, und auf Grund seiner Wirksamkeit den Wandel, der hinsichtlich der Stellung Öster-

Anker auf für „Donau-Kurier"

Eine Betriebszeitung, eine Kundenzeitschrift, ein neues Fachblatt! Dies werden sich vielleicht manche fragen, wenn sie die erste Ausgabe des „Donau-Kuriers" sehen. — Die Antwort hierauf: Weder noch. Die neue Informationsschrift soll nichts anderes sein als der gewissermaßen zu Papier gebrachte Niederschlag des Bemühens der Geschäftsführung der Ersten Donaudampfschiffahrtsgesellschaft, die Bindung der Mitarbeiter des Unternehmens, aber auch jene seiner Partner und Freunde zur Österreichischen Donauschiffahrt noch herzlicher und bewußter zu gestalten. Jeder der I. DDSG Zugehörige soll Gelegenheit haben, sich jederzeit über die Zukunftsaussichten, die Dispositionen und Probleme der Binnenschiffahrt aus eigenem ein Urteil zu bilden sowie auch das Wesentliche über die völkerverbindende europäische Bedeutung des Stromes erfahren zu können. Erst das Wissen um die großen Fragen und Zusammenhänge befähigt ja den einzelnen, seine Stellung im Betrieb und den Wert seiner Arbeit für die Allgemeinheit in vollem Umfange zu beurteilen und einzuschätzen.

Nur wer sich dem Strome verbunden fühlt, wird zur Donau fahren. Aber gerade deshalb erscheint es angebracht, über die engere beruflich-sachliche Sphäre hinaus den in der Schiffahrt Tätigen auch das nahezubringen, was sich in allgemeiner Hinsicht am Strom Bemerkenswertes ereignet und was über die Donau, als Lebensader österreichischer und europäischer Transversale, zu berichten ist.

In dieser Weise sei es aber nicht allein der Mitarbeiterschaft, sondern allen

Für DDSG-Bedienstete liegt das Dienstblatt Nr. 3 bei.

Informationen an die Mitarbeiter und Freunde der Ersten Donau-Dampfschiffahrts-Gesellschaft, Wien | FOLGE 8 OKT. 1969

WILLKOMMEN IN WIEN!

DEN TEILNEHMERN AN DER DIREKTORENKONFERENZ 1969 DER MITGLIEDSGESELLSCHAFTEN DES BRATISLAVAER ABKOMMENS ZUM GRUSS

Vom 6. bis 12. Oktober wird heuer die jährliche Direktorenkonferenz der Mitgliedsgesellschaften des Bratislavaer Abkommens erstmals in der österreichischen Bundeshauptstadt abgehalten. Es ist die erste Jahrestagung nach dem 1968 bei der letzten Konferenz in Belgrad erfolgten Beitritt der DDSG und des Bayerischen Lloyd zum Bratislavaer Abkommen. Damals war es der österreichischen Delegation eine Herzensangelegenheit, die Einladung nach Wien auszusprechen, – und es ist der österreichischen Donauschiffahrt eine große Freude, daß der Antrag angenommen wurde und es ihr gegönnt ist, die führenden Vertreter der Schiffahrtsgesellschaften, von Regensburg bis Ismail in Wien sowie die aus verschiedenen Ländern anwesenden Beobachter zu begrüßen.

Die Teilnahme von Mitgliedern der österreichischen Bundesregierung sowie der maßgeblichen Repräsentanten der Stadt Wien, der zuständigen Behörden und Körperschaften an der Eröffnung der Tagung sowie die offiziellen Empfänge, welche im Rahmen der Konferenzwoche stattfinden werden, zeigen an, daß der Willkommensgruß auch namens Österreichs erfolgt.

Auf der Tagesordnung der diesjährigen Konferenz stehen sehr wichtige, für die Zukunft der internationalen Donauschiffahrt entscheidende Fragen zur Erörterung. Darüber hinaus wird jedoch auch den Gästen aus dem Ausland Gelegenheit gegeben, sich über jene Einrichtungen und Aktionen zu informieren, die Österreich für eine prosperierende internationale Donauschiffahrt und den Ausbau der Donau als Großschiffahrtsstraße geschaffen hat und noch durchzuführen gedenkt. Abgesehen vom fachlichen Bereich und der Hoffnung auf einen nachhaltigen Tagungserfolg in dieser Hinsicht, ist es noch ein besonderer Wunsch der Konferenzleitung, daß allen Teilnehmern die Woche in der Donaustadt Wien zu einem Erlebnis werden möge, das ihnen immer in angenehmer und freundlicher Erinnerung bleibt.

Im Geiste der Verbundenheit der Länder und Völker am Strom sowie einer freundschaftlichen und erfolgreichen Zusammenarbeit der internationalen Donauschiffahrt —

Der Vorstand der DDSG

Komm.-Rat Dr. W. F. Polaschek **DDr. Peter Haeseler**

Der Sekretär der Direktorenkonferenz

Zentralinspektor Leopold Mahr

Donaukurier Nr. 1 und 8.

Informationen an die Mitarbeiter und Freunde der Ersten Donau-Dampfschiffahrts-Gesellschaft, Wien | FOLGE 44 Sept. 1981

Schiffahrtszentrum Wien eröffnet

Im Beisein des Bundesministers für Verkehr Karl Lausecker, des Präsidenten des Rechnungshofes Dr. Broesigke, Monsignore Prälat Dr. Kostelecky, in Vertretung seiner Eminenz Kardinal Dr. König, sowie des Präsidenten der Bundeskammer der gewerblichen Wirtschaft Komm.Rat Sallinger und zahlreicher Vertreter des öffentlichen Lebens und der Wirtschaft konnte Bundespräsident Dr. Rudolf Kirchschläger planmäßig am 5. Juni 1981 das Schiffahrtszentrum Wien seiner Bestimmung übergeben. In seiner Festansprache führte der Herr Bundespräsident aus:

"Als ich am 25. April 1979 aus Anlaß des 15o-Jahr-Jubiläums der DDSG an der Grundsteinlegung für dieses Schiffahrtszentrum teilhaben konnte, sagte ich, daß dieses

DONAU-KURIER

FOLGE 46 APRIL 1982 | INFORMATIONEN AN DIE MITARBEITER UND FREUNDE DER ERSTEN DONAU-DAMPFSCHIFFAHRTS-GESELLSCHAFT, WIEN

DFS „Schönbrunn", der bald 70-jährige Traditionsdampfer der DDSG, bergfahrend in der Abendsonne

Saison 1982 - 30 Jahre weiße Schiffahrt

Die diesjährige Saison steht im Zeichen der 3o. Wiederkehr der Aufnahme der Personenschiffahrt im Streckenbereich Passau - Linz - Wien. Als am 12. Juli 1952 die beiden Fahrgastschiffe "Johann Strauß" und "Stadt Wien" trotz der damals noch vorhandenen Demarkationslinie bei Au/Mauthausen die Fahrt von Linz nach Wien unternahm, war dies der Neubeginn der internationalen Personenschiffahrt auf der österreichischen Donau nach dem Zweiten Weltkrieg. Nur mehr wenige von unseren aktiven Kolleginnen und Kollegen werden sich an diesen Tag erinnern oder haben sogar die Erstlingsfahrt an Bord eines der beiden Schiffe mitgemacht. Es war eine spektakuläre Aktion, die den Aufbauwillen der DDSG und den Glauben an die zukünftige Entwicklung der Donauschiffahrt in einer Weise zum Ausdruck brachte, die im In- und Ausland größte Anerkennung fand. Mit diesem ersten Schritt einer Verkehrsausdehnung in dem noch geteilten Österreich wurde eine echte Pioniertat gesetzt. Was sich an den einzelnen Stationen abspielte, welch herrlicher Empfang den DDSG-Schiffen durch die Donaugemeinden bereitet wurde, glich einem Volksfest. Endlich war es wieder soweit, daß die weißen Schiffe über das blaue Band der Donau Oberösterreich mit Niederösterreich und Wien verbanden - und dies drei Jahre vor dem Staatsvertrag!

Donaukurier Nr. 44 und 46.

5

DDSG-SCHIFFE UND DIE POSTBEFÖRDERUNG

Die noch wenig ausgebauten Verkehrsverbindungen im 18. Jahrhundert führten dazu, dass die DDSG auch eine nicht unwesentliche Rolle in der Postbeförderung übernehmen musste. Bereits in der vorphilatelistischen Zeit hatte die DDSG vor allem auf der unteren Donau eine bedeutende Aufgabe im Rahmen des Postwesens zu erfüllen. In diesem Zusammenhang soll auf die anlässlich des Jubiläums zum 150-jährigen Bestand des Unternehmens im Jahre 1979 herausgebrachte Broschüre „Früher Postdienst" von Univ.-Prof. Dkfm. Dr. Karl Vodracka verwiesen werden, die sich sehr ausführlich mit dem Postdienst der Gesellschaft in den Jahren 1834 bis 1845 beschäftigt. Zwischen 1866 und 1879 wurden von der Gesellschaft sogar eigene Briefmarken herausgebracht und zur Postbeförderung auf DDSG-Schiffen verwendet – sie stellen noch immer eine besonders begehrte Rarität für Briefmarkensammler dar.

Die anlässlich des Jubiläums der DDSG im Jahre 1979 erschienene Broschüre „Früher Postdienst", verfasst von Univ.-Prof. Dkfm. Dr. Karl Vodracka.

Ein in der Broschüre „Früher Postdienst“ auf Seite 57 abgebildetes Poststück.

Schiffspostbeförderung anno 1937 mit dem Schiffsstempel des DFS „Sophie“.

Im Jubiläumsblock von 1979 sind die historischen DDSG-Briefmarken als Nachdrucke abgebildet.

Sonderpostbeförderung im Jahre 1987, „150 Jahre Dampfschiffahrt Linz–Wien“.

Der Sonderpoststempel zum 150. Jubiläum der DDSG 1979 mit Unterschriften von Bundespräsident Dr. Kirchschläger, Finanzminister Dr. Androsch und Verkehrsminister Dr. Lausecker sowie Stecher Werner Pfeiler.

Die Sonderpostmarke zum Tag der Briefmarke 2009 zeigt den Dampfer „Schönbrunn".

6

ERSTE KREUZFAHRTSCHIFFE VOR FAST HUNDERT JAHREN

Die Blütezeit der Personenschifffahrt auf der Donau neigte sich gegen Ende des 18. Jahrhunderts langsam dem Ende zu, weil die Eisenbahnen ihre Liniennetze immer weiter ausbauten und damit mit dem Personenverkehr auf der Donau konkurrierten. Die DDSG versuchte daher schon vor Beginn des Ersten Weltkrieges, den Personenverkehr von der reinen Bedarfsschifffahrt auch in Richtung Tourismus auszuweiten und begann mit der Planung von fünf großen Kabinenschiffen, die 1913 gemeinsam auf Stapel gelegt wurden. Aufgrund der politischen Verhältnisse kamen nur vier zur Ausführung. Sie sollten im Langstreckenverkehr zwischen Wien und Galatz – dem Anschlusshafen für den Seeverkehr – zum Einsatz kommen. Der Ausbruch des Ersten Weltkrieges führte zu einer erheblichen Verzögerung in der

Die Ansichtskarte zeigt den Donauverlauf von Passau bis Belgrad und zur Mündung.

Realisierung dieses Projektes. Die beiden ersten Expressdampfer – „Franz Joseph I" und „Wilhelm II" – liefen zwar 1916/17 in der DDSG-eigenen Werft Obuda von Stapel, der Weiterbau der Serie konnte aber erst 1922 abgeschlossen werden. Die ersten zwei Schiffe erhielten nach 1918 die neuen Namen „Jupiter" und „Uranus", die Folgebauten wurden „Helios" und „Saturnus" getauft. Für die fünfte nicht gebaute Einheit war ursprünglich der Name „Karl V" vorgesehen. Diese vier Schiffe der Planetenklasse bzw. „Expressler" – wie sie entlang der Donau auch genannt wurden – stellten einen gänzlich neuen Schiffstyp dar, der in Abmessung und Komfort alle bisherigen Personenschiffe auf der Donau übertraf. Mit 78 Metern Länge und 17,4 Metern Breite über den Radkästen wiesen sie die größten Dimensionen aller bisher von der DDSG in Dienst gestellten Dampfschiffe auf, darüber hinaus verfügten sie als erste Schiffe auf der Donau über drei Decks. Ihre diagonal feststehenden Zweizylinder-Verbundmaschinen leisteten 1.000 PS, die bis 1.500 PS gesteigert werden konnten. 32 Kabinen verfügten über 70 Schlafstellen, darüber hinaus waren zwei getrennte Schlafsäle für Damen und Herren mit insgesamt 20 Betten vorhanden. Die Gesamtkapazität von 90 Schlafplätzen ist für ein damaliges Donauschiff zweifellos beachtlich.

Der Einsatz der Expressschiffe auf den beabsichtigten Routen konnte bis 1921 im Gefolge des Friedensvertrages von St. Germain, nachdem auch über das endgültige Schicksal der DDSG entschieden worden war, nur teilweise umgesetzt werden. Erst ab 1922 konnte der vorgesehene Zielhafen Giurgiu angelaufen werden. Eine Erweiterung erfuhr dieses Angebot, als auch der gegenüberliegende bulgarische Hafen Russe in das Reiseprogramm einbezogen wurde; von dort konnte die Weiterfahrt mit einem Bäderschnellzug nach Varna zum Schwarzen Meer fortgesetzt werden. Außerdem war die Fortsetzung der Reise nach Istanbul mit dem bulgarischen Seedampfer „Zar Ferdinand" möglich. Damit war die klassische Kreuzfahrtroute unter dem Motto „Auf der Donau nach Istanbul" geboren.

Auf dieser Ansichtskarte hat Rudolf Schmidt den ersten Expressdampfer dargestellt, der bis zum Ende der Monarchie noch „Franz Joseph I" hieß und später auf „Jupiter" umgetauft wurde.

Auch der zweite Expressdampfer trug bei seiner Indienststellung noch einen anderen Namen, nämlich „Wilhelm II", ab 1918 wurde er zum „Uranus".

Der Fahrplan für den Expressverkehr Wien–Varna–Istanbul im Jahre 1935 in ungarischer Sprache.

Auch die Verpflegung auf den vier zwischen Wien und Russe verkehrenden Expressschiffen genoss einen nahezu legendär guten Ruf. Das Angebot auf den Speisekarten war anspruchsvoll und abwechslungsreich, wurde jedoch für die jeweiligen Klassen unterschiedlich gestaltet.

Die sehr beliebten und gut frequentierten Fahrten zwischen Wien und Russe konnten nur bis 1939 aufrechterhalten werden. Die Expressler-Flotte stand somit für den vorgesehenen Einsatz lediglich 16 Jahre in Verwendung, denn dieser Verkehr wurde bereits ab 1940 eingestellt und die vier Einheiten wurden entweder als Auswandererschiffe oder zur Deportation von Angehörigen des jüdischen Glaubens eingesetzt. Schließlich fanden sie mit den fortschreitenden kriegerischen Auseinandersetzungen auf der Donau auch als Lazarettschiffe Verwendung.

Die beiden Expressschiffe „Jupiter“ und „Helios“ fielen 1944/45 den Kriegswirren zum Opfer und wurden versenkt. Der Dampfer „Helios“ wurde gehoben und von der russischen DDSG unter dem Namen „Kaukasus“ auf der niederösterreichischen Donau eingesetzt. Die beiden bei der DDSG verbliebenen Dampfer „Saturnus“ und „Uranus“ standen nach 1945 in Linz als Hotelschiffe in Verwendung, sie wurden aber 1957 endgültig aus dem Verkehr gezogen und verschrottet.

Nachdem die russische Donauschifffahrts-Gesellschaft SDGP ab 1960 mit zwei in Korneuburg erbauten Kabinenschiffen zwischen Wien und Ismail einen regelmäßigen Liniendienst aufgenommen hatte, entschloss sich 1965 auch die DDSG zum Bau des Kabinenschiffes „Theodor Körner“, das zwar für Kreuzfahrten bis zum Schwarzen Meer vorgesehen war, aber aufgrund seines Fassungsraumes für 1.300 Passagiere auch im Linienverkehr zwischen Passau und Wien eingesetzt werden konnte. 1986 folgte das in Deggendorf erbaute

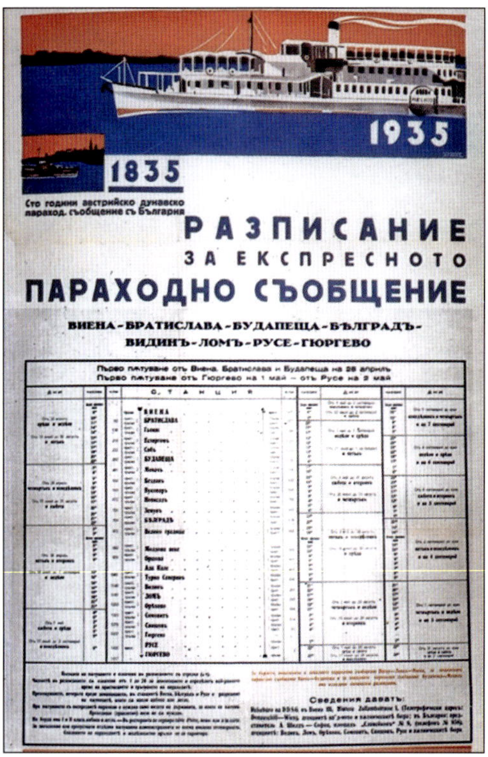

Der Fahrplan für den Expressverkehr von 1935 in bulgarischer Sprache mit kyrillischer Schrift.

Der 1927 herausgebrachte broschierte Donauführer umfasste die Strecke von Passau bis Giurgiu und Russe.

Das in den 1980er-Jahren in englischer Sprache erschienene Handbuch für Donaureisen beinhaltet die Strecke bis zum Schwarzen Meer.

Ein Werbeplakat für die Expresslinie Wien–Russe aus den 1930er-Jahren.

Der bulgarische See-Anschlussdampfer „Zar Ferdinand" brachte die Passagiere von Varna nach Istanbul.

Der Rauchsalon eines Expressdampfers.

Der Speisesaal eines Expressdampfers.

Ihre letzte Verwendung nach dem Krieg fanden die beiden bei der DDSG verbliebenen Expressdampfer „Saturnus“ und „Uranus“ als Hotelschiffe in Linz, 1957 wurden sie verschrottet.

Der 1922 in Obuda erbaute Expressdampfer „Helios“ wurde vor Ende des Zweiten Weltkriegs in Hainburg versenkt. Er wurde von den Russen gehoben, in der Werft Korneuburg wieder instand gesetzt und als „Kaukasus“ in Betrieb genommen.

Doppelrumpfschiff „Mozart“, das neben der „Theodor Körner“ planmäßige Fahrten von Passau bis zur Donaumündung unternahm. Die „Mozart“ schaffte zwar die Aufnahme in das Guinness Buch der Rekorde, der DDSG brachte sie jedoch nicht den erwarteten Betriebserfolg, weil durch den Dollarverfall, die Waldheim-Affäre und den Überfall auf den Schwechater Flughafen das amerikanische Publikum ausblieb. Diese Investition ist auch als eine der Ursachen der Zerschlagung der DDSG anzusehen, in deren Verlauf die „Mozart“ im Jahre 1993 an die Reederei Deilmann verkauft wurde. Mittlerweile hat dieses Doppelrumpf-Kabinenschiff noch einige Male seinen Besitzer gewechselt und befindet sich derzeit im Besitz des deutschen Reiseveranstalters DER. Auch das MFS „Theodor Körner“ wurde mehrmals verkauft und fristet jetzt als Fahrrad-Transporter sein „Ausgedinge“.

In der Zwischenkriegszeit etablierten sich auch die Bulgarischen Staatsbahnen und die ungarische MFTR auf dem Sektor der Kabinenschifffahrt. Ab den späten 1960er-Jahren nahm auch die rumänische Navrom (NR) an diesem Verkehr teil und 1983 ließ der deutsche Reeder Deilmann das im selben Jahr in Flensburg erbaute Kabinenschiff „Donauprinzessin“ zur Donau überführen und setzte es zunächst zwischen Passau und Budapest ein. Mit der Eröffnung des Rhein-Main-Donau-Kanales im Jahre 1992 stießen zu den ursprünglich 17 Kabinenschiffen auf der Donau immer neue kanalgerecht gebaute Kreuzfahrtschiffe hinzu, sodass sich die Anzahl dieser Einheiten zurzeit bereits etwa auf das Zehnfache beläuft.

Der Passagierdampfer „Kaukasus“ (ex DDSG-„Helios“) verlässt hier Greifenstein, er wurde von der russischen DDSG als Ausflugsschiff zwischen Wien und Ybbs eingesetzt und noch vor 1955 nach Russland transferiert. Über sein weiteres Schicksal ist nichts bekannt.

BILDBÄNDE ZUR GESCHICHTE DER DONAUSCHIFFFAHRT

Donauwerften mit Geschichte

Franz Dosch

ISBN: 978-3-86680-886-7
19,95 € [A]

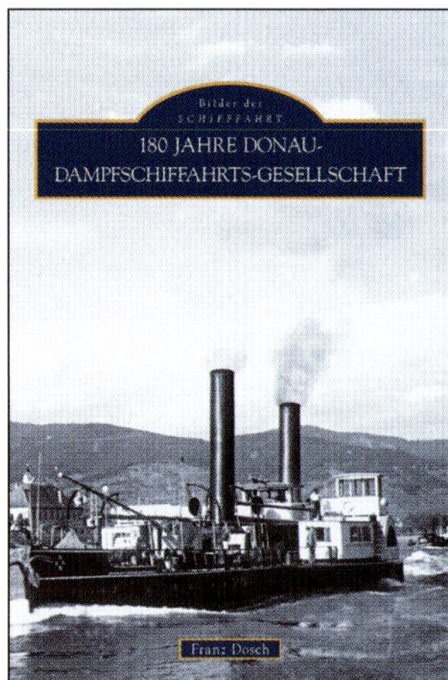

180 Jahre Donau-Dampfschiffahrts-Gesellschaft

Franz Dosch

ISBN: 978-3-86680-522-4
18,90 € [A]

Oldtimer auf der Donau

Franz Dosch

ISBN: 978-3-86680-593-4
18,90 € [A]

Weitere Bücher aus der Reihe „Bilder der Schifffahrt" finden Sie unter:

www.suttonverlag.at